# Caligrafía

## Juega y aprende

Este libro pertenece a:

_____

- - - - - - - - - - - - - - - -

_____

CastSeller LLC y Anna Brown
Todos los derechos reservados.
ISBN: 9798375519166

# Introducción

"Bienvenidos a un mundo de letras y juegos en el que los niños podrán mejorar su escritura y lectura mientras se divierten.

Este libro está diseñado especialmente para niños de primer grado en adelante, y les brinda una oportunidad única para aprender la caligrafía de una manera divertida y creativa.

Contiene ilustraciones que relacionan las palabras básicas con imágenes, los niños podrán aprender de una manera más sencilla y efectiva. Además, incluye todas las sílabas necesarias para que los niños puedan practicar su escritura y lectura con facilidad.

La caligrafía es más que un arte, es una herramienta valiosa para fortalecer la habilidad de escribir y leer. Con juegos y ejercicios creativos, aprenderán las técnicas básicas de caligrafía y mejorarán su concentración y habilidades cognitivas.

**¡Prepárense para tener diversión y aprendizaje con la caligrafía!"**

# Instrucciones

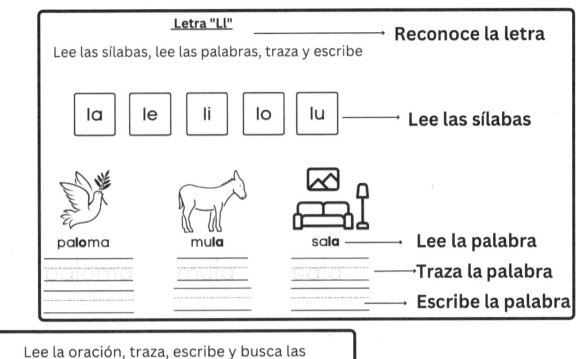

<u>Letra "Ll"</u> ─────────→ **Reconoce la letra**

Lee las sílabas, lee las palabras, traza y escribe

| la | le | li | lo | lu | ───→ **Lee las sílabas**

paloma    mula    sala ───→ **Lee la palabra**

paloma    mula    sala ──→ **Traza la palabra**

─────────→ **Escribe la palabra**

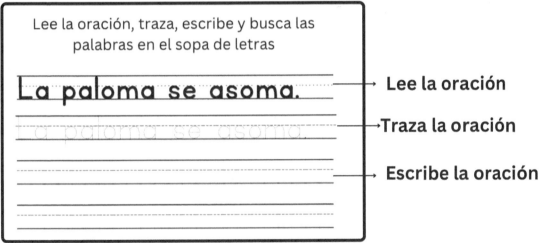

Lee la oración, traza, escribe y busca las palabras en el sopa de letras

# La paloma se asoma. ───→ **Lee la oración**

La paloma se asoma. ──→ **Traza la oración**

─────────→ **Escribe la oración**

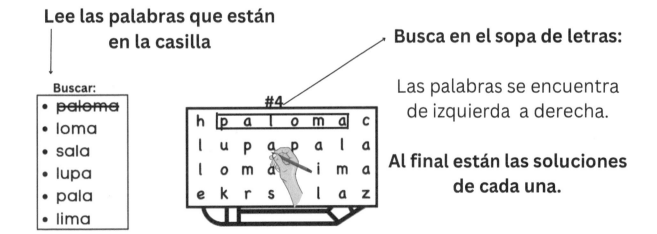

**Lee las palabras que están en la casilla**

**Busca en el sopa de letras:**

Buscar:
- ~~paloma~~
- loma
- sala
- lupa
- pala
- lima

**#4**

| h | p | a | l | o | m | a | c |
| l | u | p | a | p | a | l | a |
| l | o | m | a | a | i | m | a |
| e | k | r | s | l | a | z |

Las palabras se encuentra de izquierda a derecha.

**Al final están las soluciones de cada una.**

# Letra "Mm"

## Lee las sílabas, lee las palabras, traza y escribe

| ma | me | mi | mo | mu |
|----|----|----|----|----|

**ma**má

mamá

a**ma**

ama

a**mo**

amo

**mima**

mima

a**ma**

ama

**ma**má

mamá

# Lee la oración, traza, escribe y busca las palabras en el sopa de letras

## Mi mamá me ama.

Mi mamá me ama.

**Buscar:**

- mamá
- ama
- amo
- mima

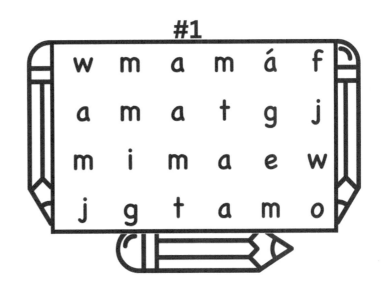

#1

| w | m | a | m | á | f |
| a | m | a | t | g | j |
| m | i | m | a | e | w |
| j | g | t | a | m | o |

# Letra "Pp"

## Lee las sílabas, lee las palabras, traza y escribe

| pa | pe | pi | po | pu |

**pa**pá

**pu**ma

**pi**pa

ma**pa**

**po**mo

**pa**pá

# Lee la oración, traza, escribe y busca las palabras en el sopa de letras

## Mi papá me ama.

Mi papá me ama.

#2

**Buscar:**

- papá
- puma
- pipa
- mapa
- pomo

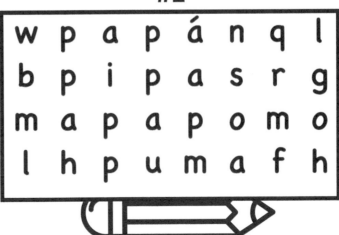

| w | p | a | p | á | n | q | l |
| b | p | i | p | a | s | r | g |
| m | a | p | a | p | o | m | o |
| l | h | p | u | m | a | f | h |

# Letra "Ss"

## Lee las sílabas, lee las palabras, traza y escribe

| sa | se | si | so | su |
|----|----|----|----|-----|

**sa**po

sapo

o**so**

oso

**so**pa

sopa

me**sa**

mesa

**su**ma

suma

pe**sa**

pesa

# Lee la oración, traza, escribe y busca las palabras en el sopa de letras

Esa mesa si pesa.

Esa mesa si pesa.

**Buscar:**

- sapo
- oso
- mesa
- suma
- pesa

### #3

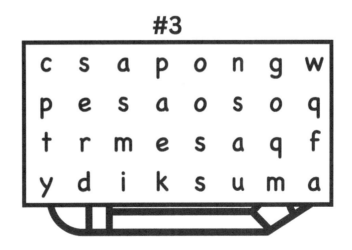

| c | s | a | p | o | n | g | w |
| p | e | s | a | o | s | o | q |
| t | r | m | e | s | a | q | f |
| y | d | i | k | s | u | m | a |

# Letra "Ll"

## Lee las sílabas, lee las palabras, traza y escribe

| la | le | li | lo | lu |

**paloma**

paloma

**mula**

mula

**sala**

sala

**lupa**

lupa

**pala**

pala

**lima**

lima

# Lee la oración, traza, escribe y busca las palabras en el sopa de letras

La paloma se asoma.

La paloma se asoma.

**Buscar:**

- paloma
- loma
- sala
- lupa
- pala
- lima

#4

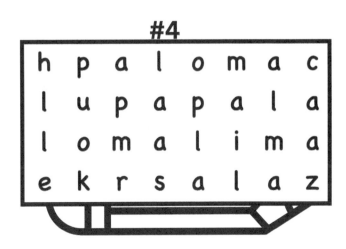

| h | p | a | l | o | m | a | c |
| l | u | p | a | p | a | l | a |
| l | o | m | a | l | i | m | a |
| e | k | r | s | a | l | a | z |

# Letra "Nn"

Lee las sílabas, lee las palabras, traza y escribe

| na | ne | ni | no | nu |

**pino**

pino

**mano**

mano

**luna**

luna

**pepino**

pepino

**mono**

mono

**mina**

mina

Lee la oración, traza, escribe y busca las palabras en el sopa de letras

# Esa mina me anima.

Esa mina me anima.

**Buscar:**

- pino
- mano
- luna
- pepino
- mono
- mina

#5

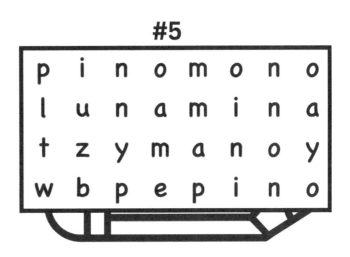

| p | i | n | o | m | o | n | o |
|---|---|---|---|---|---|---|---|
| l | u | n | a | m | i | n | a |
| t | z | y | m | a | n | o | y |
| w | b | p | e | p | i | n | o |

# Letra "Tt"

Lee las sílabas, lee las palabras, traza y escribe

| ta | te | ti | to | tu |

**to**ma**te**

tomate

pelo**ta**

pelota

ma**ta**

mata

pa**to**

pato

mo**to**

moto

**ti**na

tina

Lee la oración, traza, escribe y buscas las palabras en el sopa de letras

# Ese pato ama la tina.

Ese pato ama la tina.

**Buscar:**

- tomate
- pelota
- mata
- pato
- moto
- tina

#6

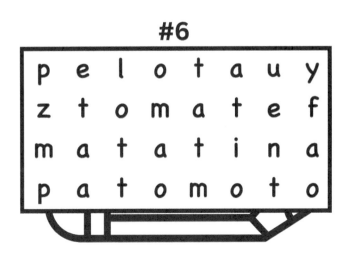

| p | e | l | o | t | a | u | y |
| z | t | o | m | a | t | e | f |
| m | a | t | a | t | i | n | a |
| p | a | t | o | m | o | t | o |

# Letra "Dd"

Lee las sílabas, lee las palabras, traza y escribe

| da | de | di | do | du |

ni**do**

nido

da**do**

dado

de**do**

dedo

mone**da**

moneda

so**da**

soda

nu**do**

nudo

Lee la oración, traza, escribe y busca las palabras en el sopa de letras

# Mi mamá ama la soda.

Mi mamá ama la soda.

**Buscar:**

- nido
- dado
- dedo
- moneda
- soda
- nudo

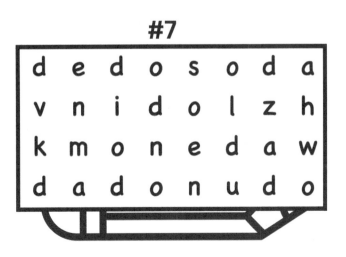

| d | e | d | o | s | o | d | a |
| v | n | i | d | o | l | z | h |
| k | m | o | n | e | d | a | w |
| d | a | d | o | n | u | d | o |

# Letra "Rr"

## Lee las sílabas, lee las palabras, traza y escribe

| ra | re | ri | ro | ru |
|----|----|----|----|----|

**toro**

toro

**mora**

mora

**pera**

pera

**loro**

toro

**mariposa**

mariposa

**aro**

aro

Lee la oración, traza, escribe y busca las palabras en el sopa de letras

# Mi toro mira la mora.

Mi toro mira la mora.

#8

**Buscar:**

- toro
- mora
- pera
- mariposa
- loro
- aro

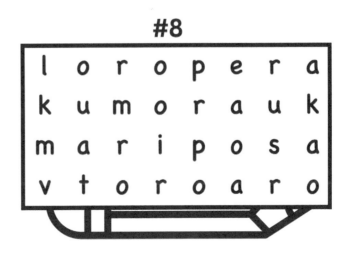

```
l o r o p e r a
k u m o r a u k
m a r i p o s a
v t o r o a r o
```

# Letra "Rr" con sonido de doble r

## Lee las sílabas, lee las palabras, traza y escribe

pe**rro**

**ra**ta

to**rre**

**ro**pa

**ro**sa

**ri**sa

Lee la oración, traza, escribe y busca las palabras en el sopa de letras

# Mi perro mira la rosa.

Mi perro mira la rosa.

**Buscar:**

- perro
- rata
- torre
- ropa
- rosa
- risa

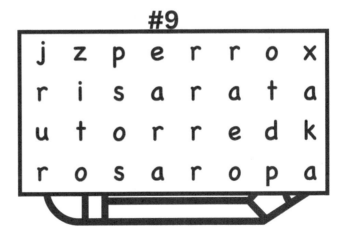

#9

| j | z | p | e | r | r | o | x |
|---|---|---|---|---|---|---|---|
| r | i | s | a | r | a | t | a |
| u | t | o | r | r | e | d | k |
| r | o | s | a | r | o | p | a |

# Letra "Cc"

## Lee las sílabas, lee las palabras, traza y escribe

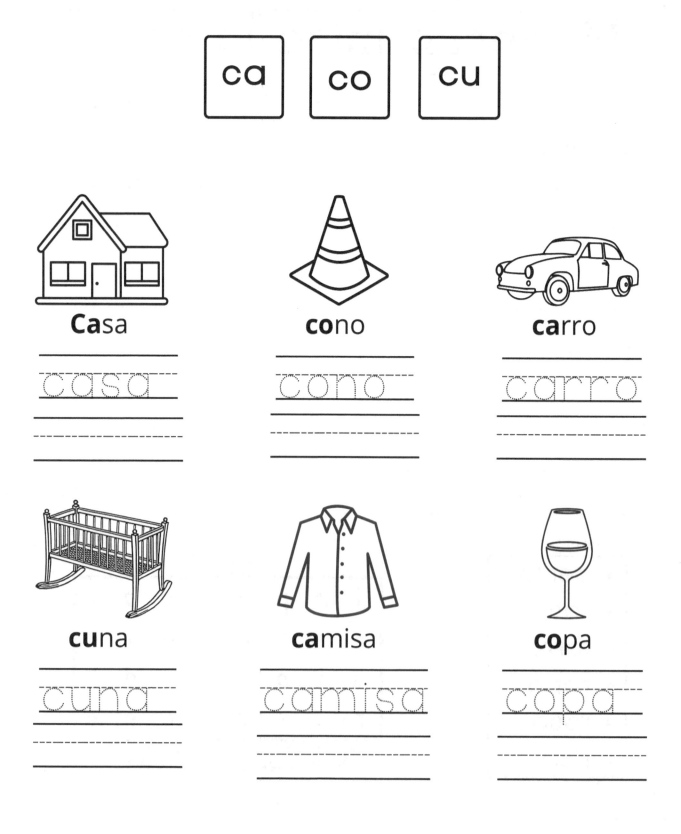

| ca | co | cu |

**Ca**sa

casa

**co**no

cono

**ca**rro

carro

**cu**na

cuna

**ca**misa

camisa

**co**pa

copa

# Lee la oración, traza, escribe y busca las palabras en el sopa de letras

La nena ama la cuna.

La nena ama la cuna.

**Buscar:**

- casa
- cono
- carro
- cuna
- camisa
- copa

### #10

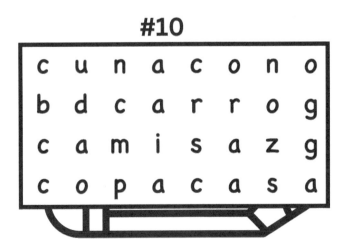

| c | u | n | a | c | o | n | o |
| b | d | c | a | r | r | o | g |
| c | a | m | i | s | a | z | g |
| c | o | p | a | c | a | s | a |

# Letra "Ññ"

## Lee las sílabas, lee las palabras, traza y escribe

| ña | ñe | ñi | ño | ñu |

**pu**ño

puño

mu**ñe**ca

muñeca

ara**ña**

araña

u**ña**

uña

pi**ña**

piña

**niño**

niño

Lee la oración, traza, escribe y busca las palabras en el sopa de letras

# La niña come piña.

La niña come piña.

**Buscar:**

- puño
- muñeca
- araña
- uña
- piña
- niño

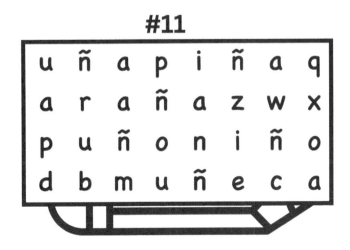

| u | ñ | a | p | i | ñ | a | q |
| a | r | a | ñ | a | z | w | x |
| p | u | ñ | o | n | i | ñ | o |
| d | b | m | u | ñ | e | c | a |

# Letra "Vv"

## Lee las sílabas, lee las palabras, traza y escribe

| va | ve | vi | vo | vu |
|---|---|---|---|---|

**ve**la

veta

**vi**no

vino

**va**so

vaso

pa**vo**

pavo

na**ve**

nave

u**va**

uva

# Lee la oración, traza, escribe y busca las palabras en el sopa de letras

## Ese pavo mira la uva.

Ese pavo mira la uva.

**Buscar:**

- vela
- vino
- vaso
- pavo
- nave
- uva

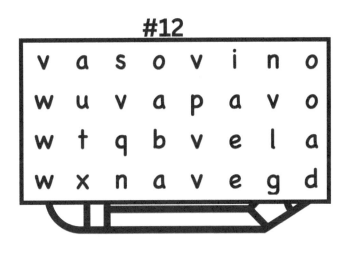

#12

| v | a | s | o | v | i | n | o |
|---|---|---|---|---|---|---|---|
| w | u | v | a | p | a | v | o |
| w | t | q | b | v | e | l | a |
| w | x | n | a | v | e | g | d |

# Letra "Bb"

## Lee las sílabas, lee las palabras, traza y escribe

| ba | be | bi | bo | bu |
|----|----|----|----|----|

**bo**la

bota

**bo**ta

bota

**ba**ta

bata

lo**bo**

lobo

**bo**ca

boca

**ba**te

bate

Lee la oración, traza, escribe y busca las palabras en el sopa de letras

# Ese lobo lame la bota.

Ese lobo lame la bota.

#13

**Buscar:**

- bola
- bota
- bata
- lobo
- boca
- bate

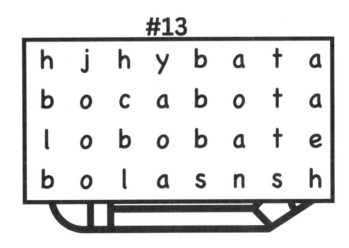

| h | j | h | y | b | a | t | a |
| b | o | c | a | b | o | t | a |
| l | o | b | o | b | a | t | e |
| b | o | l | a | s | n | s | h |

# Letra "Gg"

Lee las sílabas, lee las palabras, traza y escribe

| ga | go | gu |

**ga**to

gato

ma**go**

mago

**gu**sano

gusano

**go**ma

goma

re**ga**lo

regalo

**go**rra

gorra

Lee la oración, traza, escribe y busca las palabras en el sopa de letras

## Mi gato mira la goma.

Mi gato mira la goma.

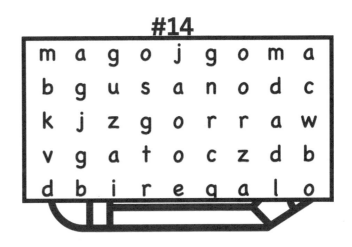

**Buscar:**

- gato
- mago
- gusano
- goma
- regalo
- gorra

#14

```
m a g o j g o m a
b g u s a n o d c
k j z g o r r a w
v g a t o c z d b
d b i r e g a l o
```

# Letra "Yy"

Lee las sílabas, lee las palabras, traza y escribe

| ya | ye | yi | yo | yu |

**yu**ca

yuca

**ya**te

yate

pa**ya**so

payaso

ra**ya**

raya

ra**yo**

rayo

**yo**ga

yoga

# Lee la oración, traza, escribe y busca las palabras en el sopa de letras

## La nena mira mi yate.

La nena mira mi yate.

**Buscar:**
- yuca
- yate
- payaso
- raya
- rayo
- yoga

### #15

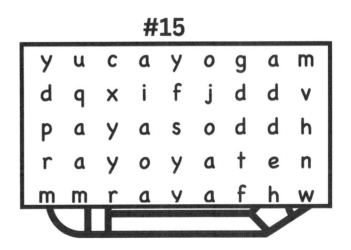

| y | u | c | a | y | o | g | a | m |
|---|---|---|---|---|---|---|---|---|
| d | q | x | i | f | j | d | d | v |
| p | a | y | a | s | o | d | d | h |
| r | a | y | o | y | a | t | e | n |
| m | m | r | a | y | a | f | h | w |

# Letra "Ff"

## Lee las sílabas, lee las palabras, traza y escribe

| fa | fe | fi | fo | fu |

**fo**co

foco

**fo**ca

foca

ca**fé**

café

ri**fa**

rifa

so**fá**

sofá

**fa**ro

faro

# Lee la oración, traza, escribe y busca las palabras en el sopa de letras

## Mi mamá toca su sofá.

Mi mamá toca su sofá.

**Buscar:**

- foco
- foca
- café
- rifa
- sofá
- faro

### #16

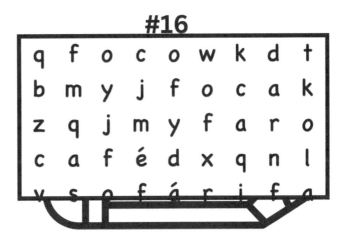

```
q f o c o w k d t
b m y j f o c a k
z q j m y f a r o
c a f é d x q n l
v s o f á r i f a
```

# Letra "Hh"

## Lee las sílabas, lee las palabras, traza y escribe

| ha | he | hi | ho | hu |

**he**lado

helado

**ho**ra

hora

**ha**maca

hamaca

**he**rido

herido

**ha**da

hada

**hi**lo

hilo

Lee la oración, traza, escribe y busca las palabras en el sopa de letras

## La nena sanó su herida.

La nena sanó su herida.

**Buscar:**

- helado
- hora
- hamaca
- herido
- hada
- hilo

#17

| k | x | w | h | a | m | a | c | a |
| h | e | l | a | d | o | k | b | s |
| j | v | h | a | d | a | w | f | g |
| u | h | o | r | a | h | i | l | o |
| t | f | h | e | r | i | d | o | s |

# Letra "Zz"

Lee las sílabas, lee las palabras, traza y escribe

| za | ze | zi | zo | zu |

**zo**rra

zorra

**za**pato

zapato

ti**za**

tiza

bu**zo**

buzo

cabe**za**

cabeza

po**zo**

pozo

Lee la oración, traza, escribe y buscas las palabras en el sopa de letras

# Mi zapato se ve bonito.

Mi zapato se ve bonito.

**Buscar:**

- zorra
- zapato
- tiza
- buzo
- cabeza
- pozo

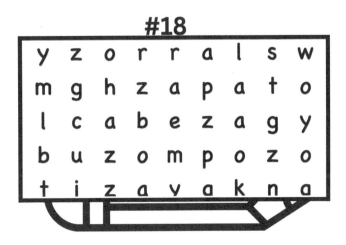

#18

| y | z | o | r | r | a | l | s | w |
|---|---|---|---|---|---|---|---|---|
| m | g | h | z | a | p | a | t | o |
| l | c | a | b | e | z | a | g | y |
| b | u | z | o | m | p | o | z | o |
| t | i | z | a | v | a | k | n | a |

# Letra "ll"

Lee las sílabas, lee las palabras, traza y escribe

| lla | lle | lli | llo | llu |

galleta

galleta

silla

silla

olla

olla

pollito

pollito

ballena

ballena

gallo

gallo

Lee la oración, traza, escribe y busca las palabras en el sopa de letras

## El buzo ve a la ballena.

El buzo ve a la ballena.

**Buscar:**

- galleta
- silla
- olla
- pollito
- ballena
- gallo

### #19

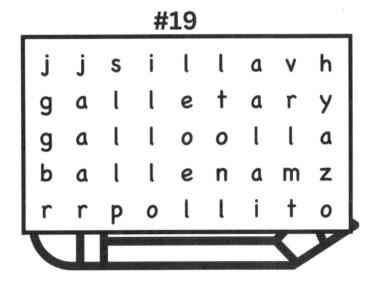

| j | j | s | i | l | l | a | v | h |
| g | a | l | l | e | t | a | r | y |
| g | a | l | l | o | o | l | l | a |
| b | a | l | l | e | n | a | m | z |
| r | r | p | o | l | l | i | t | o |

# Letra "Gg"

Lee las sílabas, lee las palabras, traza y escribe

| gue | gui |
|---|---|

**gue**rra

guerra

á**gui**la

águila

la**gui**to

laguito

**gui**so

guiso

ju**gue**te

juguete

**gui**tarra

guitarra

Lee la oración, traza, escribe y buscas las palabras en el sopa de letras

# Esa águila come gusano.

Esa águila come gusano.

#20

**Buscar:**
- guerra
- águila
- laguito
- guiso
- juguete
- guitarra

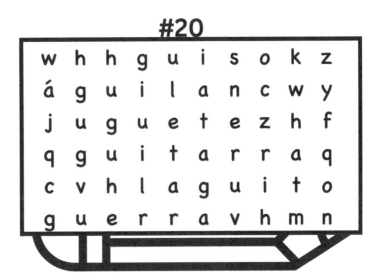

| w | h | h | g | u | i | s | o | k | z |
|---|---|---|---|---|---|---|---|---|---|
| á | g | u | i | l | a | n | c | w | y |
| j | u | g | u | e | t | e | z | h | f |
| q | g | u | i | t | a | r | r | a | q |
| c | v | h | l | a | g | u | i | t | o |
| g | u | e | r | r | a | v | h | m | n |

# Letra "Cc"

Lee las sílabas, lee las palabras, traza y escribe

ce    ci

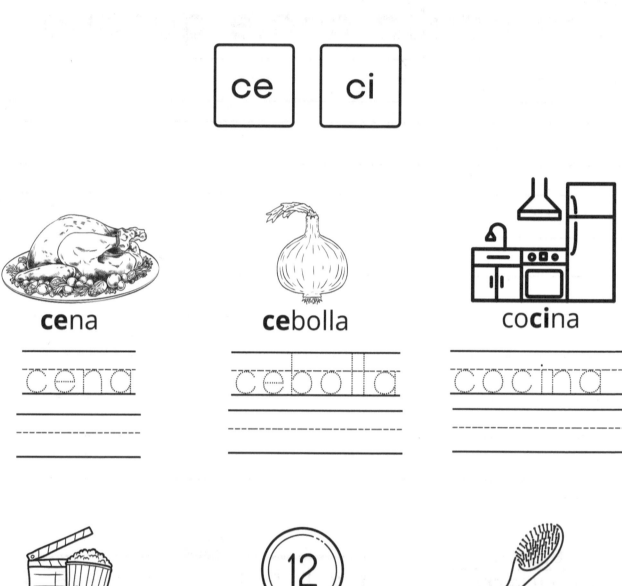

**ce**na

**ce**bolla

co**ci**na

**ci**ne

do**ce**

**ce**pillo

Lee la oración, traza, escribe y busca las palabras en el sopa de letras

# Mi amiga usa mi cepillo.

Mi amiga usa mi cepillo.

**Buscar:**

- cena
- cebolla
- cocina
- cine
- doce
- cepillo

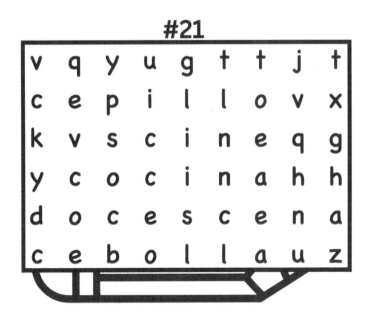

| v | q | y | u | g | t | t | j | t |
| c | e | p | i | l | l | o | v | x |
| k | v | s | c | i | n | e | q | g |
| y | c | o | c | i | n | a | h | h |
| d | o | c | e | s | c | e | n | a |
| c | e | b | o | l | l | a | u | z |

# Letra "ch"

## Lee las sílabas, lee las palabras, traza y escribe

| cha | che | chi | cho | chu |

**cho**za

choza

**chi**vo

chivo

ha**cha**

hacha

cu**cha**ra

cuchara

le**chu**za

lechuza

o**cho**

ocho

Lee la oración, traza, escribe y busca las palabras en el sopa de letras

# Dame chocolate y leche.

Dame chocolate y leche.

**Buscar:**

- choza
- chivo
- hacha
- cuchara
- lechuza
- ocho

#22

| f | w | h | a | c | h | a | x | t |
|---|---|---|---|---|---|---|---|---|
| p | q | f | c | h | o | z | a | b |
| q | c | u | c | h | a | r | a | m |
| j | d | l | e | c | h | u | z | a |
| q | c | h | i | v | o | d | s | f |
| y | k | n | f | o | c | h | o | p |

# Letra "Qq"

Lee las sílabas, lee las palabras, traza y escribe

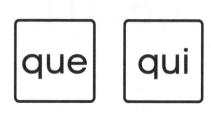

| que | qui |

**que**so

ra**que**ta

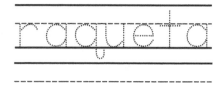

pa**que**te

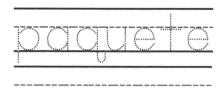

bu**que**

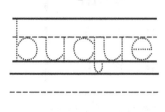

má**qui**na

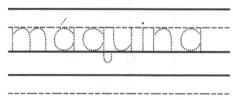

**que**ja

Lee la oración, traza, escribe y busca las palabras en el sopa de letras

# Esa muchacha se queja.

Esa muchacha se queja.

**Buscar:**

- queso
- raqueta
- paquete
- buque
- máquina
- queja

**#23**

| q | u | e | j | a | y | v | v | x |
|---|---|---|---|---|---|---|---|---|
| h | m | á | q | u | i | n | a | h |
| p | a | q | u | e | t | e | g | g |
| f | r | a | q | u | e | t | a | x |
| q | u | e | s | o | h | d | w | x |
| c | x | w | b | u | q | u | e | d |

# Letra "Gg"

| ge | gi |
|---|---|

**pá**gi**na**

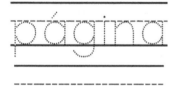

**ge**mela

gemela

**gi**tana

gitana

**gi**ro

giro

**ge**ma

gema

**ge**latina

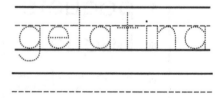

Lee la oración, traza, escribe y busca las palabras en el sopa de letras

# Yo giro rápido la página.

Yo giro rápido la página.

#24

**Buscar:**
- página
- gemela
- gitana
- giro
- gema
- gelatina

| k | f | j | b | y | x | z | d | y |
|---|---|---|---|---|---|---|---|---|
| g | i | t | a | n | a | h | w | w |
| b | x | k | g | e | m | e | l | a |
| f | s | p | á | g | i | n | a | b |
| g | e | m | a | g | i | r | o | f |
| g | e | l | a | t | i | n | a | y |

# Lee las sílabas, lee las palabras, traza y escribe

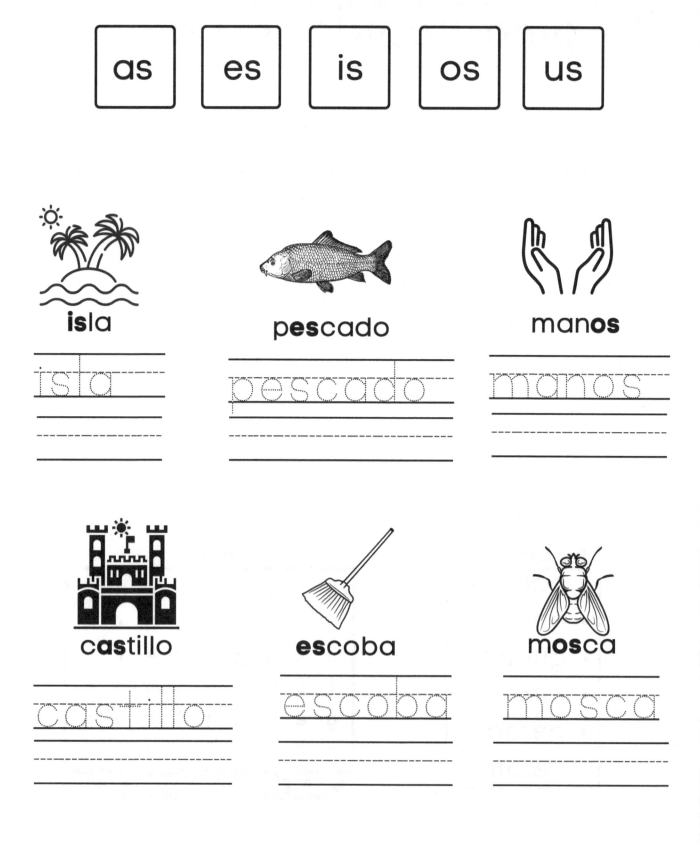

| as | es | is | os | us |

**is**la

pe**sc**ado

man**os**

**cas**tillo

**es**coba

m**os**ca

Lee la oración, traza, escribe y busca las palabras en el sopa de letras

# La mosca come pescado.

La mosca come pescado.

**Buscar:**

- isla
- pescado
- manos
- castillo
- escoba
- mosca

#25

| p | e | s | c | a | d | o | y | v |
| v | u | u | z | i | s | l | a | h |
| m | o | s | c | a | k | u | x | y |
| c | a | s | t | i | l | l | o | z |
| e | s | c | o | b | a | r | x | r |
| u | z | m | a | n | o | s | x | k |

# Lee las sílabas, lee las palabras, traza y escribe

| an | en | in | on | un |

**m**an**zana**

manzana

**cin**co

cinco

**rat**ón

ratón

**b**an**dera**

bandera

**m**un**do**

mundo

**m**en**ta**

menta

Lee la oración, traza, escribe y busca las palabras en el sopa de letras

# Mi bandera es bonita.

Mi bandera es bonita.

**Buscar:**

- manzana
- cinco
- ratón
- bandera
- mundo
- menta

## #26

| q | q | m | e | n | t | a | j | p |
|---|---|---|---|---|---|---|---|---|
| l | g | f | k | m | u | n | d | o |
| h | k | b | a | n | d | e | r | a |
| x | q | s | s | c | i | n | c | o |
| k | x | m | a | n | z | a | n | a |
| r | a | t | ó | n | k | y | x | q |

# Lee las sílabas, lee las palabras, traza y escribe

| ar | er | ir | or | ur |
|----|----|----|----|----|

**cer**do

cerdo

**ar**dilla

ardilla

**tor**tuga

tortuga

**hor**miga

hormiga

**bar**co

barco

**cir**co

circo

Lee la oración, traza, escribe y busca las palabras en el sopa de letras

# La ardilla va al parque.

La ardilla va al parque.

**Buscar:**

- cerdo
- ardilla
- tortuga
- hormiga
- barco
- circo

| s | a | r | d | i | l | l | a | f |
| f | v | h | o | r | m | i | g | a |
| t | o | r | t | u | g | a | j | s |
| w | f | b | a | r | c | o | y | z |
| k | s | n | c | i | r | c | o | j |
| z | c | e | r | d | o | y | w | s |

# Lee las sílabas, lee las palabras, traza y escribe

| al | el | il | ol | ul |
|----|----|----|----|----|

**past**el

past**el**

**pul**po

pulpo

**sol**dado

soldado

barr**il**

barril

**sel**va

selva

mant**el**

mantel

Lee la oración, traza, escribe y busca las palabras en el sopa de letras

## El soldado ama el pastel.

El soldado ama el pastel

**Buscar:**

- pastel
- pulpo
- soldado
- barril
- selva
- mantel

#28

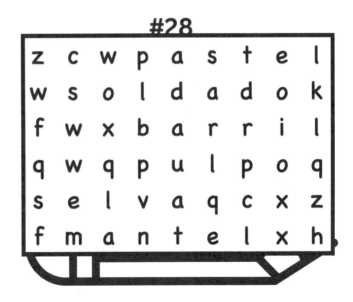

| z | c | w | p | a | s | t | e | l |
| w | s | o | l | d | a | d | o | k |
| f | w | x | b | a | r | r | i | l |
| q | w | q | p | u | l | p | o | q |
| s | e | l | v | a | q | c | x | z |
| f | m | a | n | t | e | l | x | h |

# Lee las sílabas, lee las palabras, traza y escribe

| az | ez | iz | oz | uz |

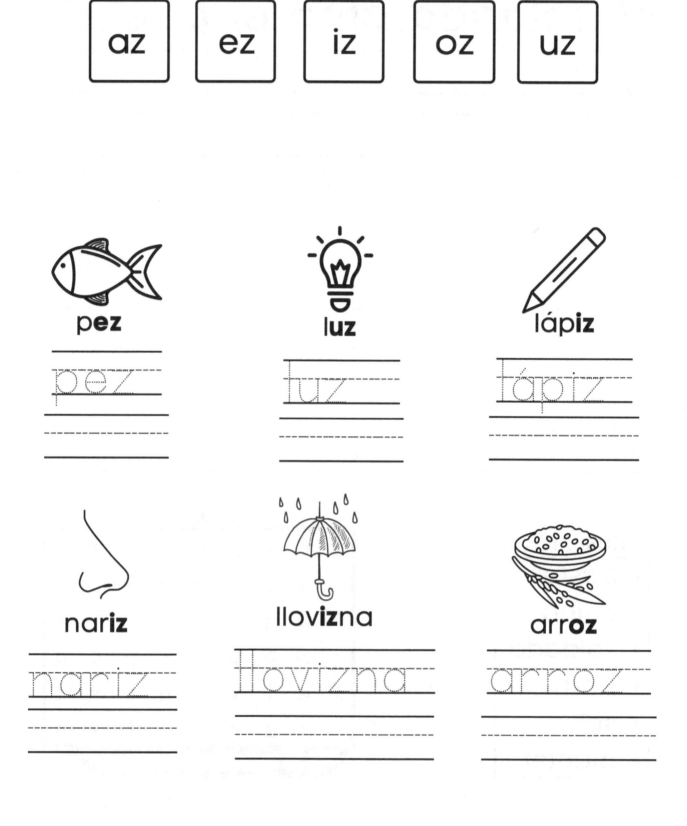

**p**ez

**luz**

láp**iz**

nar**iz**

llov**iz**na

arr**oz**

# Lee la oración, traza, escribe y busca las palabras en el sopa de letras

## Yo agarro el lápiz.

Yo agarro el lápiz.

**Buscar:**

- pez
- luz
- lápiz
- nariz
- llovizna
- arroz

**#29**

| b | d | d | g | a | r | r | o | z |
|---|---|---|---|---|---|---|---|---|
| l | á | p | i | z | y | x | f | c |
| p | e | z | k | h | g | g | g | b |
| m | d | l | u | z | h | x | h | j |
| l | l | o | v | i | z | n | a | q |
| d | j | n | a | r | i | z | f | g |

# Lee las sílabas, lee las palabras, traza y escribe

| am | em | im | om | um |
|----|----|----|----|----|

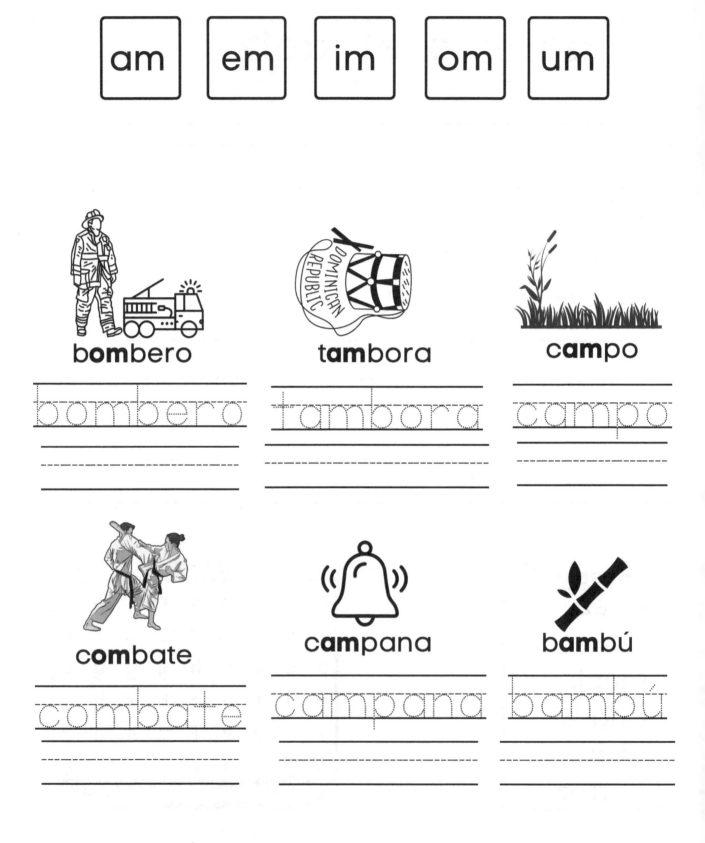

**bom**bero

bombero

**tam**bora

tambora

**cam**po

campo

**com**bate

combate

**cam**pana

campana

**bam**bú

bambú

# Lee la oración, traza, escribe y busca las palabras en el sopa de letras

## Él toca la tambora.

Él toca la tambora.

**Buscar:**
- bombero
- tambora
- campo
- combate
- campana
- bambú

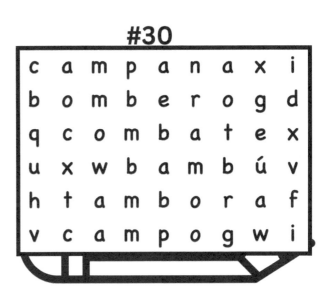

#30

| c | a | m | p | a | n | a | x | i |
|---|---|---|---|---|---|---|---|---|
| b | o | m | b | e | r | o | g | d |
| q | c | o | m | b | a | t | e | x |
| u | x | w | b | a | m | b | ú | v |
| h | t | a | m | b | o | r | a | f |
| v | c | a | m | p | o | g | w | i |

# Lee las sílabas, lee las palabras, traza y escribe

| ey | uy | ay | oy |

**rey**

rey

**buey**

buey

**carey**

carey

**hoy**

hoy

**ley**

ley

**muy**

muy

**hay**

muy

Lee la oración, traza, escribe y busca las palabras en el sopa de letras

# Hoy, el rey dijo la ley.

Hoy, el rey dijo la ley.

**Buscar:**

- buey
- rey
- carey
- muy
- hay
- ley
- hoy

#31

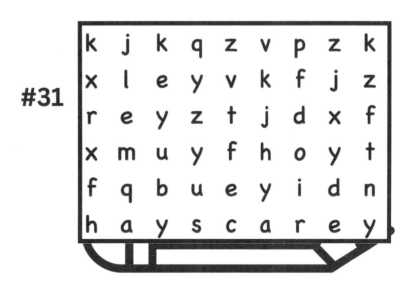

| k | j | k | q | z | v | p | z | k |
| x | l | e | y | v | k | f | j | z |
| r | e | y | z | t | j | d | x | f |
| x | m | u | y | f | h | o | y | t |
| f | q | b | u | e | y | i | d | n |
| h | a | y | s | c | a | r | e | y |

# Lee las sílabas, lee las palabras, traza y escribe

| xa | xe | xi | xo | xu |

taxi

xilófono

tórax

taxi

xilófono

tórax

examen

excusa

maxilar

examen

excusa

maxilar

oxígeno

texto

óxido

oxígeno

texto

óxido

# Lee la oración, traza, escribe y busca las palabras en el sopa de letras

## Mi papá maneja el taxi.

Mi papá maneja el taxi.

**Buscar:**

- taxi
- xilófono
- tórax
- examen
- excusa
- maxilar
- oxígeno
- texto
- óxido

#32

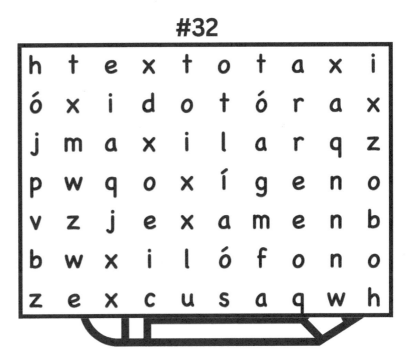

| h | t | e | x | t | o | t | a | x | i |
| ó | x | i | d | o | t | ó | r | a | x |
| j | m | a | x | i | l | a | r | q | z |
| p | w | q | o | x | í | g | e | n | o |
| v | z | j | e | x | a | m | e | n | b |
| b | w | x | i | l | ó | f | o | n | o |
| z | e | x | c | u | s | a | q | w | h |

# Lee las sílabas, lee las palabras, traza y escribe

| ac | ec | ic | oc | uc |
|----|----|----|----|----|

**doc**tor

doctor

iny**ec**ción

inyección

**cac**to

cacto

**pac**to

pacto

le**c**tura

lectura

dir**ec**tor

director

**ac**ción

acción

inf**ec**ción

infección

# Lee la oración, traza, escribe y busca las palabras en el sopa de letras

## Mi amigo es doctor.

Mi amigo es doctor.

**Buscar:**

- doctor
- inyección
- cacto
- pacto
- lectura
- director
- acción
- infección

### #33

| x | k | a | c | c | i | ó | n | m | g |
|---|---|---|---|---|---|---|---|---|---|
| i | n | y | e | c | c | i | ó | n | m |
| v | v | h | d | o | c | t | o | r | q |
| i | n | f | e | c | c | i | ó | n | q |
| l | e | c | t | u | r | a | h | b | j |
| d | i | r | e | c | t | o | r | j | h |
| p | a | c | t | o | c | a | c | t | o |

# Lee las sílabas, lee las palabras, traza y escribe

| pla | ple | pli | plo | plu |

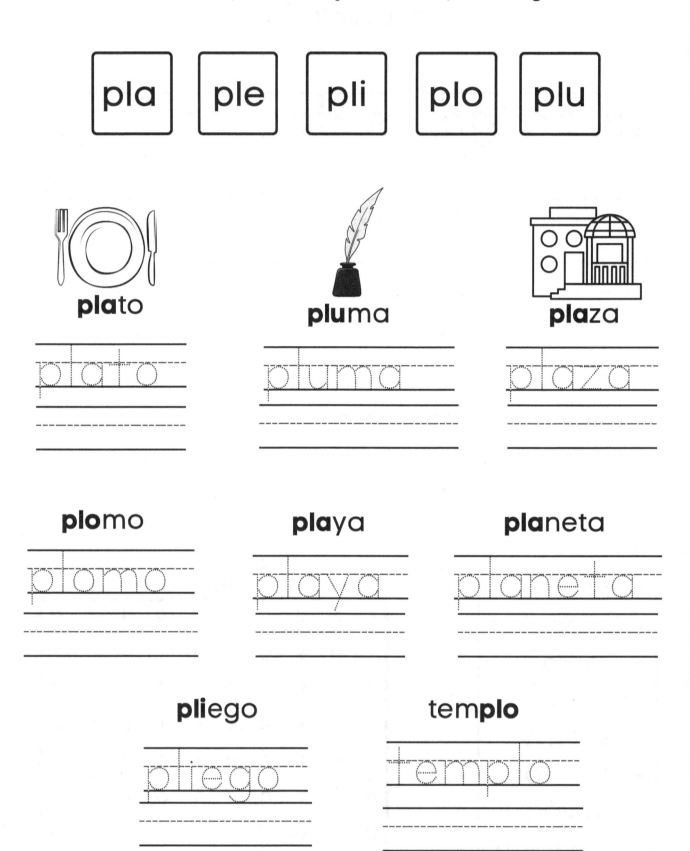

**pla**to

**plu**ma

**pla**za

**plo**mo

**pla**ya

**pla**neta

**pli**ego

tem**plo**

# Lee la oración, traza, escribe y buscas las palabras en el sopa de letras

## Yo fui a la playa.

Yo fui a la playa.

**Buscar:**

- plato
- pluma
- plaza
- plomo
- playa
- planeta
- pliego
- templo

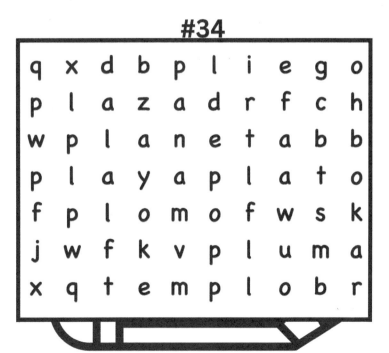

| q | x | d | b | p | l | i | e | g | o |
|---|---|---|---|---|---|---|---|---|---|
| p | l | a | z | a | d | r | f | c | h |
| w | p | l | a | n | e | t | a | b | b |
| p | l | a | y | a | p | l | a | t | o |
| f | p | l | o | m | o | f | w | s | k |
| j | w | f | k | v | p | l | u | m | a |
| x | q | t | e | m | p | l | o | b | r |

# Lee las sílabas, lee las palabras, traza y escribe

| cla | cle | cli | clo | clu |
|-----|-----|-----|-----|-----|

**cla**vo

clavo

bici**cle**ta

bicicleta

**cli**ma

clima

**clo**ro

cloro

re**clu**ta

recluta

**cla**se

clase

te**cla**

tecla

chi**cle**

chicle

Lee la oración, traza, escribe y busca las palabras en el sopa de letras

# Me gusta el chicle.

Me gusta el chicle.

**Buscar:**

- clavo
- bicicleta
- clima
- cloro
- recluta
- clase
- tecla
- chicle

**#35**

| g | y | c | l | a | s | e | j | p | w |
|---|---|---|---|---|---|---|---|---|---|
| r | e | c | l | u | t | a | n | k | d |
| j | g | q | g | c | l | i | m | a | d |
| f | g | j | p | y | t | e | c | l | a |
| n | x | q | c | h | i | c | l | e | x |
| c | l | a | v | o | c | l | o | r | o |
| k | b | i | c | i | c | l | e | t | a |

# Lee las sílabas, lee las palabras, traza y escribe

| bla | ble | bli | blo | blu |
|-----|-----|-----|-----|-----|

**blu**sa

mue**ble**

ca**ble**

pue**blo**

ro**ble**

nie**bla**

sa**ble**

pú**bli**co

# Lee la oración, traza, escribe y busca las palabras en el sopa de letras

## El mueble es de roble.

El mueble es de roble.

**Buscar:**

- blusa
- mueble
- cable
- pueblo
- roble
- niebla
- sable
- público

**#36**

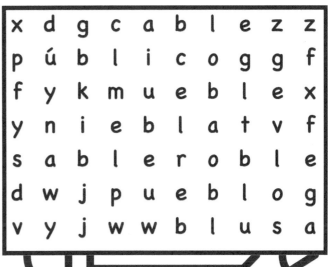

| x | d | g | c | a | b | l | e | z | z |
|---|---|---|---|---|---|---|---|---|---|
| p | ú | b | l | i | c | o | g | g | f |
| f | y | k | m | u | e | b | l | e | x |
| y | n | i | e | b | l | a | t | v | f |
| s | a | b | l | e | r | o | b | l | e |
| d | w | j | p | u | e | b | l | o | g |
| v | y | j | w | w | b | l | u | s | a |

# Lee las sílabas, lee las palabras, traza y escribe

| gla | gle | gli | glo | glu |
|-----|-----|-----|-----|-----|

**glo**bo

re**gla**

i**gle**sia

**glo**ria

si**glo**

**glo**tón

re**gli**ta

**glu**cosa

Lee la oración, traza, escribe y busca las palabras en el sopa de letras

## Mi abuela va a la iglesia.

Mi abuela va a la iglesia.

**Buscar:**

- globo
- regla
- iglesia
- gloria
- siglo
- glotón
- reglita
- glucosa

#37

```
r e g l a s i g l o
g l o t ó n f j w d
g l o r i a w p v p
i g l e s i a x q j
m h z g l o b o p q
g l u c o s a h q v
r e g l i t a h p w
```

# Lee las sílabas, lee las palabras, traza y escribe

| fla | fle | fli | flo | flu |
|-----|-----|-----|-----|-----|

**fla**uta

flauta

**fle**cha

flecha

**flo**rero

florero

**fla**co

flaco

**flo**ta

flota

re**fle**jo

glotón

**flo**recita

florecita

**flo**tador

flotador

# Lee la oración, traza, escribe y busca las palabras en el sopa de letras

## El flaco toca flauta.

El flaco toca flauta.

**Buscar:**

- flauta
- flecha
- florero
- flaco
- flota
- reflejo
- florecita
- flotador

**#38**

```
k  v  g  m  f  l  e  c  h  a
f  l  o  t  a  f  l  a  c  o
m  f  l  o  t  a  d  o  r  m
v  r  e  f  l  e  j  o  b  v
f  l  o  r  e  r  o  g  m  q
p  f  l  o  r  e  c  i  t  a
m  x  p  x  f  l  a  u  t  a
```

# Lee las sílabas, lee las palabras, traza y escribe

| pra | pre | pri | pro | pru |

**pra**do

prado

**pre**cio

precio

sor**pre**sa

sorpresa

**pri**mero

primero

**pri**mo

primo

ca**pri**cho

capricho

**pro**mesa

promesa

**pro**blema

problema

# Lee la oración, traza, escribe y busca las palabras en el sopa de letras

## Mi primo va al prado.

Mi primo va al prado.

**Buscar:**

- prado
- precio
- sorpresa
- primero
- primo
- capricho
- promesa
- problema

**#39**

| w | g | p | r | i | m | e | r | o | k |
|---|---|---|---|---|---|---|---|---|---|
| c | a | p | r | i | c | h | o | t | q |
| w | p | r | o | m | e | s | a | t | z |
| f | w | p | r | e | c | i | o | z | w |
| p | r | o | b | l | e | m | a | z | j |
| x | x | s | o | r | p | r | e | s | a |
| p | r | a | d | o | p | r | i | m | o |

# Lee las sílabas, lee las palabras, traza y escribe

| tra | tre | tri | tro | tru |

**potro**

potro

4
cua**tro**

cuatro

estre**lla**

estrella

sas**tre**

sastre

**tra**po

trapo

**tri**neo

trineo

li**tro**

litro

**tri**bu

tribu

Lee la oración, traza, escribe y busca las palabras en el sopa de letras

# Hay cuatro potro blanco.

Hay cuatro potro blanco.

**Buscar:**

- potro
- cuatro
- estrella
- sastre
- trapo
- trineo
- litro
- tribu

**#40**

| m | k | t | r | i | n | e | o | j | w |
|---|---|---|---|---|---|---|---|---|---|
| z | c | u | a | t | r | o | m | g | f |
| f | j | e | s | t | r | e | l | l | a |
| t | r | i | b | u | h | w | x | y | v |
| y | d | s | a | s | t | r | e | j | g |
| p | o | t | r | o | t | r | a | p | o |
| h | j | z | l | i | t | r | o | k | g |

# Lee las sílabas, lee las palabras, traza y escribe

| gra | gre | gri | gro | gru |

ti**gre**

**tigre**

can**gre**jo

**cangrejo**

**gri**llo

**grillo**

**gru**po

**grupo**

**gra**sa

**grasa**

san**gre**

**sangre**

sa**gra**do

**sagrado**

a**gri**cultor

**agricultor**

Lee la oración, traza, escribe y busca las palabras en el sopa de letras

## El tigre vive en la selva.

El tigre vive en la selva.

**Buscar:**

- tigre
- cangrejo
- grillo
- grupo
- grasa
- sangre
- sagrado
- agricultor

#41

| y | b | s | a | n | g | r | e | v | m |
| b | k | v | s | a | g | r | a | d | o |
| z | h | x | g | r | u | p | o | v | w |
| a | g | r | i | c | u | l | t | o | r |
| c | a | n | g | r | e | j | o | b | z |
| t | i | g | r | e | g | r | a | s | a |
| x | f | y | a | r | i | l | l | o | m |

# Lee las sílabas, lee las palabras, traza y escribe

| dra | dre | dri | dro | dru |

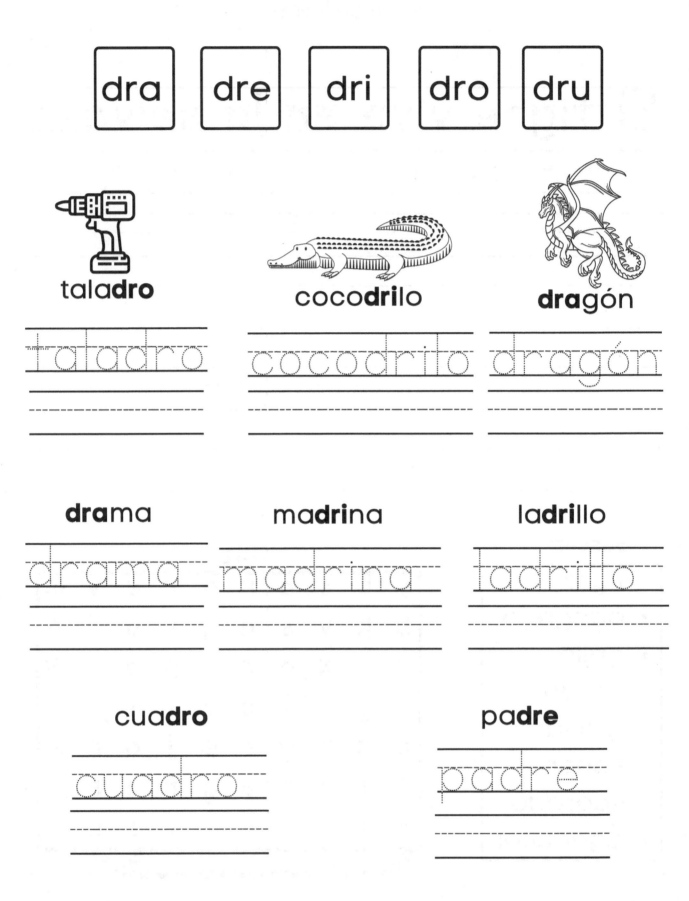

**tala**dro

coco**dri**lo

**dra**gón

taladro

cocodrilo

dragón

**dra**ma

ma**dri**na

la**dri**llo

drama

madrina

ladrillo

cua**dro**

pa**dre**

cuadro

padre

Lee la oración, traza, escribe y buscas la palabras en el sopa de letras

# Mi papá usa un taladro.

Mi papá usa un taladro.

**Buscar:**

- taladro
- cocodrilo
- dragón
- drama
- madrina
- ladrillo
- cuadro
- padre

**#42**

```
x z c u a d r o y q
j d r a g ó n x x b
x j l a d r i l l o
q c o c o d r i l o
w x m a d r i n a k
k y j t a l a d r o
p a d r e d r a m a
```

# Lee las sílabas, lee las palabras, traza y escribe

| cra | cre | cri | cro | cru |
|-----|-----|-----|-----|-----|

**cre**ma

crema

re**cre**o

recreo

**cru**cifijo

crucifijo

**cre**do

credo

**cro**mo

cromo

**cru**do

crudo

mi**cro**bio

microbio

es**cri**tura

escritura

Lee la oración, traza, escribe y busca las palabras en el sopa de letras

# El piso tiene microbio.

El piso tiene microbio.

**Buscar:**

- crema
- recreo
- crucifijo
- credo
- cromo
- crudo
- microbio
- escritura

**#43**

| p | c | r | u | c | i | f | i | j | o |
|---|---|---|---|---|---|---|---|---|---|
| z | e | s | c | r | i | t | u | r | a |
| c | r | e | d | o | c | r | u | d | o |
| y | c | r | o | m | o | v | h | g | h |
| n | x | z | r | e | c | r | e | o | l |
| z | m | i | c | r | o | b | i | o | w |
| y | q | l | c | r | e | m | a | l | z |

# Lee las sílabas, lee las palabras, traza y escribe

| bra | bre | bri | bro | bru |

**bra**zo

li**bro**

ca**bra**

**bri**sa

**bro**che

**bre**va

som**bre**ro

sem**bra**do

Lee la oración, traza, escribe y busca las palabras en el sopa de letras

## Me duele mi brazo.

Me duele mi brazo.

**Buscar:**

- brazo
- libro
- cabra
- brisa
- broche
- breva
- sombrero
- sembrado

**#44**

| k | f | s | e | m | b | r | a | d | o |
|---|---|---|---|---|---|---|---|---|---|
| p | p | b | r | e | v | a | t | t | w |
| l | i | b | r | o | b | r | a | z | o |
| f | k | b | r | o | c | h | e | y | f |
| s | o | m | b | r | e | r | o | t | x |
| y | f | b | r | i | s | a | j | t | w |
| x | c | a | b | r | a | f | w | p | j |

# Lee las sílabas, lee las palabras, traza y escribe

| fra | fre | fri | fro | fru |

**fru**ta

fruta

**fre**sa

fresa

co**fre**

cofre

**fre**no

freno

**fra**gua

fragua

**fra**se

frase

**fri**turas

frituras

**fru**tero

frutero

# Lee la oración, traza, escribe y busca las palabras en el sopa de letras

## Amo comer fresa.

Amo comer fresa.

**Buscar:**

- fruta
- fresa
- cofre
- freno
- fragua
- frase
- frituras
- frutero

### #45

```
x f r a g u a y x b
d f r e s a m b l m
v f r i t u r a s h
z v p c o f r e l y
f r a s e f r u t a
m x f r u t e r o z
j h v z y f r e n o
```

## Lee la oración, traza, y escribe

Yo soy capaz.

Yo soy capaz.

Yo soy inteligente.

Yo soy inteligente.

# Lee la oración, traza, y escribe

## Yo soy valiente.

Yo soy valiente.

## Yo soy feliz.

Yo soy feliz.

# Lee la oración, traza, y escribe

Amo reir.

Amo reir.

Amo aprender.

Amor aprender.

# Lee la oración, traza, y escribe

## Yo voy a aprender.

Yo voy a aprender.

## Amo a mis amigos.

Amo a mis amigos.

# Lee la oración, traza, y escribe

## Amo comer helado.

Amo comer helado.

## Me gusta la pizza.

Me gusta la pizza.

# Lee la oración, traza, y escribe

Amo jugar.

Amo jugar.

¡Yo puedo y lo haré!

¡Yo puedo y lo haré!

# Soluciones

## #1

w m a m á f
a m a t g j
m i m a e w
j g t a m o

## #2

w p a p á n q l
b p i p a s r g
m a p a p o m o
l h p u m a f h

## #3

c s a p o n g w
p e s a o s o q
t r m e s a q f
y d i k s u m a

## #4

h p a l o m a c
l u p a p a l a
l o m a l i m a
e k r s a l a z

## #5

p i n o m o n o
l u n a m i n a
t z y m a n o y
w b p e p i n o

## #6

p e l o t a u y
z t o m a t e f
m a t a t i n a
p a t o m o t o

## #7

d e d o s o d a
v n i d o l z h
k m o n e d a w
d a d o n u d o

## #8

l o r o p e r a
k u m o r a u k
m a r i p o s a
v t o r o a r o

## #9

j z p e r r o x
r i s a r a t a
u t o r r e d k
r o s a r o p a

## #10

c u n a c o n o
b d c a r r o g
c a m i s a z g
c o p a c a s a

## #11

u ñ a   p i ñ a   q

a r a ñ a   z w x

p u ñ o   n i ñ o

d b m u ñ e c a

## #12

v a s o   v i n o

w u v a   p a v o

w t q b v e l a

w x n a v e g d

## #13

h j h y b a t a

b o c a   b o t a

l o b o   b a t e

b o l a   s n s h

## #14

m a g o   j g o m a

b g u s a n o d c

k j z g o r r a w

v g a t o c z d b

d b i r e g a l o

## #15

y u c a   y o g a   m

d q x i f j d d v

p a y a s o d d h

r a y o   y a t e   n

m m r a y a f h w

## #16

q f o c o w k d t

b m y j f o c a k

z q j m y f a r o

c a f é d x q n l

v s o f á   r i f a

## #17

k x w h a m a c a

h e l a d o k b s

j v h a d a w f g

u h o r a   h i l o

t f h e r i d o s

## #18

y z o r r a l s w

m g h z a p a t o

l c a b e z a g y

b u z o m p o z o

t i z a y q k n q

## #19

j j s i l l a v h

g a l l e t a r y

g a l l o   o l l a

b a l l e n a m z

r r p o l l i t o

## #20

r z s x c i n e z

z j f k t c e n a

c e p i l l o x k

f k d o c e h h r

c o c i n a q m w

y r c e b o l l a

## #21

```
v q y u g t t j t
c e p i l l o v x
k v s c i n e q g
y c o c i n a h h
d o c e s c e n a
c e b o l l a u z
```

## #22

```
f w h a c h a x t
p q f c h o z a b
q c u c h a r a m
j d l e c h u z a
q c h i v o d s f
y k n f o c h o p
```

## #23

```
q u e j a y v v x
h m á q u i n a h
p a q u e t e g g
f r a q u e t a x
q u e s o h d w x
c x w b u q u e d
```

## #24

```
k f j b y x z d y
g i t a n a h w w
b x k g e m e l a
f s p á g i n a b
g e m a g i r o f
g e l a t i n a y
```

## #25

```
p e s c a d o y v
v u u z i s l a h
m o s c a k u x y
c a s t i l l o z
e s c o b a r x r
u z m a n o s x k
```

## #26

```
q q m e n t a j p
l g f k m u n d o
h k b a n d e r a
x q s s c i n c o
k x m a n z a n a
r a t ó n k y x q
```

## #27

```
s a r d i l l a f
f v h o r m i g a
t o r t u g a j s
w f b a r c o y z
k s n c i r c o j
z c e r d o y w s
```

## #28

```
z c w p a s t e l
w s o l d a d o k
f w x b a r r i l
q w q p u l p o q
s e l v a q c x z
f m a n t e l x h
```

## #29

```
b d d g a r r o z
l á p i z y x f c
p e z k h g g g b
m d l u z h x h j
l l o v i z n a q
d j n a r i z f g
```

## #30

```
c a m p a n a x i
b o m b e r o g d
q c o m b a t e x
u x w b a m b ú v
h t a m b o r a f
v c a m p o g w i
```

# #31

```
k  j  k  q  z  v  p  z  k
x  l e y  v  k  f  j  z
r e y  z  t  j  d  x  f
x  m u y  f  h o y  t
f  q  b u e y  i  d  n
h a y  s  c a r e y
```

# #32

```
h  t e x t o  t a x i
ó x i d o  t ó r a x
j  m a x i l a r  q  z
p  w  q  o x í g e n o
v  z  j  e x a m e n  b
b  w  x i l ó f o n o
z  e x c u s a  q  w  h
```

# #33

```
x  k  a c c i ó n  m  g
i n y e c c i ó n  m
v  v  h  d o c t o r  q
i n f e c c i ó n  q
l e c t u r a  h  b  j
d i r e c t o r  j  h
p a c t o  c a c t o
```

# #34

```
q  x  d  b  p l i e g o
p l a z a  d  r  f  c  h
w  p l a n e t a  b  b
p l a y a  p l a t o
f  p l o m o  f  w  s  k
j  w  f  k  v  p l u m a
x  q  t e m p l o  b  r
```

# #35

```
g  y  c l a s e  j  p  w
r e c l u t a  n  k  d
j  g  q  g  c l i m a  d
f  g  j  p  y  t e c l a
n  x  q  c h i c l e  x
c l a v o  c l o r o
k  b i c i c l e t a
```

# #36

```
x  d  g  c a b l e  z  z
p ú b l i c o  g  g  f
f  y  k  m u e b l e  x
y  n i e b l a  t  v  f
s a b l e  r o b l e
d  w  j  p u e b l o  g
v  y  j  w  w  b l u s a
```

# #37

```
r e g l a  s i g l o
g l o t ó n  f  j  w  d
g l o r i a  w  p  v  p
i g l e s i a  x  q  j
m  h  z  g l o b o  p  q
g l u c o s a  h  q  v
r e g l i t a  h  p  w
```

# #38

```
k  v  g  m  f l e c h a
f l o t a  f l a c o
m  f l o t a d o r  m
v  r e f l e j o  b  v
f l o r e r o  g  m  q
p  f l o r e c i t a
m  x  p  x  f l a u t a
```

# #39

```
w  g  p r i m e r o  k
c a p r i c h o  t  q
w  p r o m e s a  t  z
f  w  p r e c i o  z  w
p r o b l e m a  z  j
x  x  s o r p r e s a
p r a d o  p r i m o
```

# #40

```
m  k  t r i n e o  j  w
z  c u a t r o  m  g  f
f  j  e s t r e l l a
t r i b u  h  w  x  y  v
y  d  s a s t r e  j  g
p o t r o  t r a p o
h  j  z  l i t r o  k  g
```

## #41

```
y b  s a n g r e  v m
b k v  s a g r a d o
z h x  g r u p o  v w
a g r i c u l t o r
c a n g r e j o  b z
t i g r e  g r a s a
x f y  g r i l l o  m
```

## #42

```
x z  c u a d r o  y q
j  d r a g ó n  x x b
x j  l a d r i l l o
q  c o c o d r i l o
w x  m a d r i n a  k
k y j  t a l a d r o
p a d r e  d r a m a
```

## #43

```
p  c r u c i f i j o
z  e s c r i t u r a
c r e d o  c r u d o
y  c r o m o  v h g h
n x z  r e c r e o  l
z  m i c r o b i o  w
y q l  c r e m a  l z
```

## #44

```
k f  s e m b r a d o
p p  b r e v a  t t w
l i b r o  b r a z o
f k  b r o c h e  y f
s o m b r e r o  t x
y f  b r i s a  j t w
x  c a b r a  f w p j
```

## #45

```
x  f r a g u a  y x b
d  f r e s a  m b l m
v  f r i t u r a s  h
z v p  c o f r e  l y
f r a s e  f r u t a
m x  f r u t e r o  z
j h v z y  f r e n o
```

Made in United States
Troutdale, OR
11/21/2024

25102151R00064